Francisco Faus

A voz da consciência

5ª edição

QUADRANTE

São Paulo

2025

Copyright © 1996 Quadrante Editora

Capa
Provazi Design

Dados Internacionais de Catalogação na Publicação (CIP)

Faus, Francisco
 A voz da consciência / Francisco Faus — 5ª ed. — São Paulo: Quadrante, 2025.

 ISBN (Virtudes): 978-85-7465-793-6
 ISBN (Francisco Faus): 978-85-7465-580-2

 1. Consciência 2. Vida cristã I. Título

CDD-241.1

Índice para catálogo sistemático:
1. Consciência : Ética cristã : Cristianismo 241.1

Todos os direitos reservados a
QUADRANTE EDITORA
Rua Bernardo da Veiga, 47 - Tel.: 3873-2270
CEP 01252-020 - São Paulo - SP
www.quadrante.com.br / atendimento@quadrante.com.br

SUMÁRIO

A CONSCIÊNCIA QUE JULGA E GUIA 5

QUEM É O JUIZ? 17

QUAL É A LEI? 61

A BOA VOZ DA CONSCIÊNCIA 95

A CONSCIÊNCIA QUE JULGA E GUIA

Notícias de jornal

Horário de almoço. No refeitório da empresa, dois colegas comentam as notícias do jornal do dia:

— Você viu aquela brutalidade, o sujeito que chacinou um monte de mulheres e crianças...?

A notícia aparecera no jornal, com chamada na primeira página. Mais um episódio de uma dessas guerras absurdas que ninguém entende, lá num canto do Velho Mundo, que não sabemos localizar direito. Tendo que evacuar um abrigo de prisioneiros, devido ao avanço das tropas inimigas, e porque «faltava condução» — esse foi o motivo alegado —, um capitão massacrou brutalmente mais de vinte mulheres e crianças presas no abrigo. Depois, o homem foi feito prisioneiro, e a imprensa noticiou: «Preso carrasco de X».

— Mas você leu o que ele respondeu a uma jornalista?

— Isso não vi.

— Pois quando ela lhe perguntou o que sentia depois da chacina, se não sentia remorsos, o indivíduo respondeu com a maior desfaçatez: «Eu recebi ordens e cumpri com meu dever; estou com a consciência tranquila».

— Que monstruosidade! É a mesma desculpa que deram os carrascos nazistas no processo de Nüremberg. Esse canalha tem é uma consciência podre.

Consciência tranquila! Cabeça podre! Tudo podre, ora!

Parece que, com o impacto da notícia, a palavra *consciência* ficou piscando na mente de ambos. O fato é que ela veio à baila, durante o almoço, mais duas vezes.

A primeira foi a propósito do flerte que um outro companheiro de fábrica, casado, estava tendo com uma funcionária. Um dos dois era partidário de falar com ele, amigavelmente, para tratar de afastá-lo desse mau passo:

— Puxa! A família é uma coisa muito séria, e o Hipólito pode pôr tudo a perder. E, depois, tem três filhos...

— Eu não acho que deva interferir, não vou falar nada. São coisas muito íntimas, muito pessoais. Todo o mundo sabe que está brigando com a mulher há mais de dois anos. Não vou me meter num assunto desses. É coisa da consciência dele.

O interlocutor não concordou. Tinha um conceito diferente dos valores da vida e da ajuda *verdadeira* que se deve dar a um amigo. Passaram a falar de amenidades, para evitar discussões, e eis que uma nova aparição da consciência se deu durante o cafezinho. Tinham voltado a tocar no noticiário do jornal. Desta vez, comentavam os vários projetos de lei em tramitação no Congresso Nacional, uns querendo restringir e outros escancarar as possibilidades do «aborto legal». Voltaram a discordar. Um deles, o segundo — que se dizia liberal — manifestou-se a favor dos abortistas, e o outro contra. A conversa deixou de ser calma. No aceso da discussão, o primeiro exaltou-se e, ultrapassando as mais elementares fronteiras da delicadeza, espetou ao outro na cara:

— Claro! Você é a favor do aborto porque já fez um!

Vermelho, fumegante, levantou-se esse da mesa, enquanto berrava:

— Fizemos, sim, e daí? Não tínhamos a mínima condição de casar agora, nem de assumir uma criança. A minha namorada quis, e eu concordei. Você não tem nada a ver com isso. É assunto meu. Estou com a consciência tranquila!

— Como aquele capitão...

Avaliador e guia

Deixemos os dois colegas saindo do refeitório em fúria e, sem entrarmos por enquanto no mérito das suas opiniões, pensemos um pouco na conversa que tiveram.

O assunto que, uma e outra vez, veio à tona, era a *consciência*. Pronunciaram diversas vezes esta palavra, e os dois a empregaram no mesmo sentido em que nós também a utilizamos nas nossas conversas habituais. É um fato que todos, ou quase todos, falamos alguma vez da *consciência*, e, ao fazê-lo, subentendemos uma porção de conceitos — incluídos na própria ideia de consciência —, que agora pode ser muito interessante considerar.

Em primeiro lugar, todos concordamos em que a consciência é algo de muito *pessoal*, *íntimo*, até sagrado. Dizemos: «Eu penso assim, é o que me diz a *minha* consciência», «Isto não vou fazer: é contra a *minha* consciência», «Não posso interferir nessa decisão, tenho que respeitar a *sua* consciência», «É um assunto muito pessoal, coisa da consciência *dele*...».

Em segundo lugar, as «questões de consciência» não são devaneios sobre puras teorias, mas são sempre juízos de valor («Está certo, está errado») sobre questões *práticas*, referentes ao nosso modo pessoal de comportar-nos, de escolher, de atuar, de decidir, de tomar ou não uma atitude, de nos posicionarmos a favor ou contra alguma coisa...; questões concretas, que a nossa consciência deve julgar como boas ou más. Quer dizer que, como é óbvio, não usamos a palavra consciência para nos referirmos a ideias vagas, nem a atos ou atitudes sem nenhuma conotação moral. Por exemplo, ninguém diz «A minha consciência me impede de aceitar o teorema de Pitágoras», «O cálculo infinitesimal é contra a minha consciência», como não diz «A minha consciência me obriga a aderir à pintura renascentista de preferência à pintura barroca», ou «A minha consciência me impõe dar dois nós no cadarço das chuteiras»...

Nunca falamos em consciência quando julgamos da simples habilidade ou lerdeza, do jeito ou falta de jeito, num desempenho meramente técnico ou artístico: ninguém acha que a falta de capacidade criativa de um pintor cheio de boa vontade, ou a falta de jogo de cintura de um centroavante muito esforçado sejam uma questão de consciência. Serão, em todo o caso, uma questão de habilidade, de condições, de preparo físico, ou de QI...

Quando falamos em consciência, portanto, sempre nos referimos ao nosso juízo sobre a *qualidade moral* de uma determinada ação ou atitude: é *boa* ou *má*, é correta ou incorreta, *deve* ser feita ou *não deve* ser feita. Esta é outra característica importante, que convém sublinhar.

É muito esclarecedor perceber que há duas palavras, dois conceitos, que aparecem demarcando sempre o terreno próprio da consciência: o *BEM* — e o seu equivalente, o *certo* — e o *DEVER*. Com isso, evidencia-se que a *consciência* é um *avaliador* e um *guia moral*, pois é justamente no campo da *moral* (ou da *ética*) que se colocam as questões do *bem* e do *mal*, do *certo* e do *errado*, do que *deve ser feito* e do que *deve ser evitado*. Procuremos não perder de vista estas ideias básicas, que — como víamos — todos nós possuímos e que o *Catecismo da Igreja Católica* expõe com clareza: «Presente no coração da pessoa, a consciência moral impõe-lhe, no momento oportuno, fazer o bem e evitar o mal. Julga, portanto, as escolhas concretas, aprovando as boas e denunciando as más» (n. 1777).

Território do bem, campo do dever

É, pois, no território delimitado pelo *bem* e pelo *dever* que a consciência joga o seu papel. E qual é esse papel? A resposta já está implícita no que víamos anteriormente: o papel da consciência é *julgar*. A nossa consciência é, portanto, o *juízo* sobre o valor moral (a bondade ou a maldade) das nossas ações, dos nossos pensamentos e sentimentos, das palavras que dizemos ou calamos, das atitudes que adotamos na vida, das omissões que admitimos.

É lógico que, sendo assim, dependa da nossa consciência o valor positivo ou negativo, o acerto ou o desacerto da vida que vamos levando. Não é, por isso, uma questão que possa ser encarada levianamente, pois é fato incontestável que — quer queiramos, quer não — dos juízos da consciência dependem as *decisões morais*; e as decisões são as que nos levam a definir os *rumos* e os *passos* que marcam o sentido da vida: uma vida pura, uma vida depravada; uma vida santa, uma vida arrastada; uma vida útil, uma vida egoísta.

Tanto uns como outros — os rumos escolhidos e os passos com que tentamos segui-los — decidem do nível e da qualidade moral da nossa existência. Não há a mínima dúvida de que seguir um rumo errado ou, mesmo estando no rumo certo, errar os passos, é a mesma coisa que estragar a vida.

Sendo assim, valerá a pena tentarmos nestas páginas uma reflexão serena e, na medida do possível, prática sobre a consciência, uma vez que dela depende tanto.

Lembrando-nos de que é a consciência que avalia, com o seu *juízo moral*, as nossas ações, será importante perguntarmo-nos, em primeiro lugar, «Quem é o juiz?» Não é uma pergunta supérflua, como veremos daqui a muito pouco.

A seguir, e tendo em conta que é impossível julgar sem ter referenciais, padrões ou normas de julgamento sobre o *bem* e o *mal*, deveremos perguntar-nos «Qual é a lei?» Com base em que lei, norma ou princípio, a consciência deve julgar a bondade ou maldade das nossas ações?

Em terceiro lugar, um bom juiz, além de honesto, deve ser competente e capaz de emitir um juízo claro. Por isso, no quarto capítulo desta obra ocupar-nos-emos do bom desempenho da consciência, examinando as *qualidades* necessárias para que a voz da consciência seja uma «boa voz», eco da *verdade* e do *bem*: uma voz verdadeira e clara, honesta e firme.

Este é o plano.

QUEM É O JUIZ?

Um inquérito muito útil

Acabamos de ver que a consciência é *um juízo* sobre o *valor moral* da nossa conduta. Acabamos também de dizer que começaríamos perguntando: «Quem é o juiz?» *Quem* é que faz esse juízo da consciência?

É natural que esta pergunta pareça surrealista e tautológica, pois se subentende que «o juízo da consciência é o juízo feito pela consciência». E uma pergunta que parece lembrar-nos a frase simplória daquela figura apalermada de um antigo programa de televisão, que repetia a toda a hora: «Inventor é o que inventa».

«A consciência faz o juízo da consciência». Grande novidade! Se fosse só para dizer isso, seria melhor encerrarmos aqui mesmo este capítulo e conceder-lhe o «prêmio ao óbvio». Mas não é. Por tola e desconcertante que pareça a pergunta, é fundamental, e por isso vamos repeti-la sem constrangimento algum: «No juízo da consciência, quem é o juiz?»

Entrando no miolo do assunto, é preciso reconhecer que nem todos têm a mesma ideia sobre a consciência, ou seja, nem todos designam por este nome — *consciência* — o mesmo juiz. Dentro da palavra *consciência*, dentro da toga do juiz, cinco de cada dez pessoas embutem um conteúdo diferente. E isto acarreta umas consequências enormes.

Façamos um teste. Perguntemos a esmo, a vários transeuntes — como faz a televisão —, o que é a consciência. Descontando gaguejos e pigarros embaraçados, provavelmente ouviremos respostas como as seguintes: «A consciência é uma inspiração interior, que nos diz o que devemos fazer», «A consciência é um sentimento forte, que aprova ou censura, e nos deixa com uma sensação péssima quando nos acusa», «A consciência é a voz de Deus, não falha», «A consciência é a convicção que cada um tem sobre o que é certo e o que é errado; ela varia conforme as pessoas», «A consciência é a fidelidade aos valores que cada um escolhe na vida», «A consciência..., é difícil dizer o que é: é tão pessoal, tão delicada!»...

Este último tem razão..., e, ao mesmo tempo, não a tem. Com efeito, é difícil dizer o que é a consciência, e a prova disso são as opiniões tão divergentes que há a respeito dela. Mas, se refletirmos um pouco, talvez não nos custe tanto chegar a uma primeira conclusão, que nos sirva de base para continuarmos a pensar.

Vamos partir, para tanto, de três ideias com as quais já deparávamos no primeiro capítulo. A primeira: dentro do campo moral, a consciência é *o juiz*. A segunda: a consciência é o juiz do *certo* e do *errado*, do *bem* e do *mal*. A terceira: a consciência é uma voz *íntima*, ouve-se dentro de nós.

Muito bem. Acontece, porém, que o nosso íntimo é extremamente complexo, e lá dentro escuta-se uma confusão de vozes que pretendem julgar, opinar, definir o bem e o dever, mandar. Todos conhecemos, por exemplo, pessoas que obedecem fielmente às vozes ouvidas em sonhos («Esta noite sonhei, e uma voz assustadora me mandava sair à rua e comprar um bilhete de loteria...»); outras obedecem com demasiada frequência à forte voz de comando dos caprichos, dos «apetites», como se se tratasse da voz imperativa da consciência («Mulher — diz o marido em pânico —, não se deixe arrastar pelo apelo consumista; bem sei que essa roupa é fascinante, mas é muito cara, e não é assim tão bonita; pense com a cabeça...» E ela: «E você outra vez bebendo escondido, hein?... Não, não..., não se justifique, dizendo que é consciente, que *precisa* disso por causa da pressão»); outras pessoas são envolvidas e obcecadas pelas vozes quentes das paixões e das emoções («Achou que *devia* casar com aquele maluco irresponsável, um divorciado; dizia que a consciência era dela e não quis ouvir ninguém...»).

O juiz é identificado

Sendo tantas as vozes, fica em pé a pergunta: «Qual delas é a verdadeira voz da consciência?» Isto já está parecendo um romance policial.

Desculpe o leitor tanta insistência, mas precisamos voltar ao ponto de partida. Acompanhe-me, por favor. Entre outras coisas, dizíamos acima que a consciência é o juiz que *avalia moralmente* a nossa conduta. Pense: se fôssemos obrigados a escolher uma pessoa para que julgasse algum problema nosso do ponto de vista moral, de modo que pronunciasse a avaliação definitiva — «Você agiu bem, você agiu mal» —, que tipo de juiz procuraríamos?

Creio que, antes de mais nada, quereríamos um juiz comprovadamente competente e honesto. Exigiríamos que conhecesse bem o nosso caso, e sobretudo que tivesse uma noção certa dos padrões corretos da conduta — do que é *verdadeiro*, *certo* e *bom* — na matéria em questão. E esperaríamos que, após um estudo sereno e uma ponderação refletida, chegasse a uma conclusão objetiva e justa. Tudo isto, logicamente, partindo da base de que «nós» fôssemos honestos e estivéssemos desejando um julgamento justo, ou seja, a verdade.

Se, por acaso, você concorda com o parágrafo anterior, já sabe quem é o juiz. Nem precisaríamos mais falar. Porque já descobriu que o bom juiz interior só pode ser a *razão*, a *voz da razão*. Se não, veja: todas as qualidades que acabamos de enumerar (conhecer, ter noções corretas, estudar, entender, ponderar, refletir, avaliar) são próprias do entendimento, são próprias da razão, e, pelo contrário, não são próprias dos sonhos, nem dos desejos, nem das emoções, nem dos palpites, nem das súbitas inspirações cegas.

Não é de estranhar, depois disto, que o *Catecismo da Igreja Católica*, de harmonia com os melhores filósofos e teólogos de todos os tempos, defina assim a consciência: «A consciência moral é *um julgamento da razão* pelo qual a pessoa humana reconhece a qualidade moral de um ato concreto que vai planejar, está a ponto de executar ou já praticou» (n. 1778). Definição concisa e excelente.

No mesmo sentido, o principal documento da Igreja sobre os fundamentos da moral, a Encíclica *Veritatis splendor* de João Paulo II, reafirma essa mesma noção da consciência: «O juízo da consciência é um juízo prático, um juízo que dita aquilo que o homem deve fazer ou evitar [...]. É um juízo que aplica a uma situação concreta a *convicção racional* de que se deve amar e fazer o bem e evitar o mal» (n. 59).

Os estudiosos da ciência moral costumam empregar fórmulas breves e análogas a essas para dizer a mesma coisa: «A consciência é a nossa própria inteligência, que faz um juízo prático sobre a bondade ou malícia de um ato»; ou então: «A consciência moral é o juízo sobre a retidão, sobre a moralidade dos nossos atos»[*].

O juiz, portanto, é a razão, é a inteligência: é um juiz que pensa, reflete, entende, pondera e conclui, não permitindo que emoções ou interesses escusos lhe toldem a visão ou lhe deturpem as conclusões.

(*) Ver Ricardo Sada e Alfonso Monroy, *Curso de teologia moral*, Rei dos Livros, Lisboa, 1989, p. 58, e Ramón Garcia de Haro, *La vita cristiana*, Edizioni Ares, Milão, 1995, p. 338.

É justamente a isto que Cristo se referia certa vez, servindo-se de uma comparação rica de conteúdo: *O olho é a lâmpada do corpo. Se o teu olho for são, todo o teu corpo* [entenda-se, toda a tua vida] *estará iluminado. Mas se o teu olho estiver doente, todo o teu corpo* [toda a tua vida] *estará nas trevas* (Mt 6, 22-23). Tal como a visão dos olhos do rosto, também a visão dos olhos da alma é importantíssima para andar bem na vida. Mas essa visão pode ser sadia ou doente, podemos ver bem ou mal, e quanta coisa não depende disso! Depende a vida! Há um comentário a essas palavras de Cristo, num documento recente de João Paulo II, que é natural que nos deixe pensativos: «Quando a consciência, esse luminoso olhar da alma (cf. Mt 6, 22-23), chama *bem ao mal* e *mal ao bem* (Is 5, 20), está já no caminho da sua degeneração mais preocupante e da mais tenebrosa cegueira moral»*. Voltaremos a isso mais adiante.

O lobo mau e a touca da avó

Quando Chapeuzinho Vermelho entrou na casa da avó e viu o Lobo Mau metido na cama, com a touca da vovozinha enfiada na cabeça, estranhou logo alguns «pormenores». — «Vovó, como são grandes as suas orelhas! Vovó, como é grande a sua boca!»

Há outros lobos que têm melhor fortuna, e — o que é mais impressionante — que enganam pessoas muito menos ingênuas do que a menina do conto. Dão o golpe mais habilmente, pois conseguem que achemos normais, corretíssimas, as suas orelhas, a sua boca e os seus dentes. Dizemos: —

(*) João Paulo II, Encíclica *Evangelium vitae*, n. 24.

«É assim mesmo, isto é que é o certo», e caímos na goela do inimigo faminto.

— Que tem a ver essa história de Chapeuzinho Vermelho e o Lobo Mau com as coisas sérias de que estamos falando? Por acaso isto é uma piada?

Não, não é piada, e tem muito a ver com o nosso tema. Vou dizer-lhe por quê. Infelizmente, muitíssimas pessoas, demasiadas, se deixam guiar tranquilamente, dominar voluntariamente e orientar docemente por pseudoconsciências, por vozes interiores tão falsas quanto a do Lobo Mau fingindo-se de avó.

— Quer dizer que há «falsas consciências»?

— Já o disse. Veja. Uma vez que a consciência é um juízo da razão baseado na verdade e no bem, todo o julgamento moral que elimine ou suplante a razão, ou que não se baseie na verdade e no bem, será falso, será um Lobo com touca de avó. E você nem imagina quantos lobos há. Nem tente contá-los. Por isso, para simplificar as coisas e procurar maior clareza, vamos classificar toda essa alcateia em dois grupos: o das pessoas que, na sua conduta, se deixam guiar pelo *subjetivismo*, e o das pessoas que se deixam dominar e conduzir pelo *gregarismo*.

— Não entendi direito essa classificação...

— Certo, precisa ser explicada. Mas logo você vai ver que já a compreendeu muito melhor do que pensa.

Subjetivismo: «achar» em vez de «saber»

O *subjetivismo* é muito simples de mostrar e muito perigoso de praticar. Caímos nele quando afirmamos que é certo ou errado aquilo que nós *achamos* ou *desejamos* que seja certo ou errado; e não aquilo que a razão descobre, de modo objetivo e honesto — independentemente dos nossos gostos, impressões e desejos —, que é a *verdade* e o *bem*, que é o *dever*.

Posso dizer-lhe que já vi o subjetivismo matar. Sim, matar. Não era, no caso, um subjetivismo moral, mas era um subjetivismo.

Faz bastantes anos, conheci um jovem oficial da Aeronáutica. Ele e mais um grupo de companheiros estavam sendo treinados para pilotar os primeiros aviões de caça supersônicos. Naquela época, alguns aprimoramentos técnicos atuais ainda não existiam. Por esse motivo, não era raro que, voando a uma determinada velocidade e altura, o piloto — segundo o meu amigo já havia experimentado — começasse a achar que estava fazendo «voo invertido», ou seja, que estava voando de cabeça para baixo. O painel do avião, com a sua infinita variedade de mostradores e ponteiros, dava-lhe a posição certa. Também a torre de comando confirmava pelo rádio que estava tudo bem. Mas ele «sentia», *subjetivamente* «sentia», que estava voando com o aparelho virado. O piloto que desobedecesse aos painéis e ao comando e se deixasse dominar por essa impressão *subjetiva*, invariavelmente acabaria espatifado no chão, morreria. O meu amigo acabava de perder assim, fazia poucos dias, um dos seus melhores companheiros.

«Achar», o ato subjetivista de «achar» que tal coisa é boa e certa — mesmo que seja com muito «boa vontade» —, mas sem *pensar* a sério se aquilo é realmente o *bom* e *certo*, é extremamente perigoso. Lembro-me agora de outras tragédias lamentáveis, que me relatava não há muito um velho caboclo, tragédias que são imagem viva de outras semelhantes na vida moral. Falava-me de que, em outras épocas, não era raro o caso de mães, boníssimas mas ignorantes, que, preocupadas com a forte dor intestinal de um filho, «achavam», com a maior das boas vontades, que a solução era o óleo de rícino, um bom purgante. Infelizmente, quando a dor provinha de uma apendicite aguda, o purgante costumava levar o filho à morte.

E as tragédias morais? Sim, as tragédias morais. Estou pensando em muitas mães e pais — sobretudo dos anos sessenta e pouco para cá —, que, cheios de boa vontade e assustados pelo terrorismo de certas novas pedagogias, sociologias e filosofias, «acharam» seu dever ineludível evitar quaisquer «traumas» na educação dos filhos, e julgaram «em consciência» que seria nocivo incutir-lhes verdades «já prontinhas» e exigir-lhes «bons comportamentos» não espontâneos: «Não quero que os meus filhos sejam educados como eu, no grito e na cinta». Os novos pais-pedagogos, superficialíssimos, deixaram os seus rebentos selvagemente em bruto. Não perceberam que ninguém nasce santo, e que ninguém é jamais traumatizado nem pela verdade nem pelo bem. Talvez a filosofia em moda lhes dissesse que toda a verdade e todo o bem eram relativos. Por isso, nem tiveram as mínimas exigências morais que deveriam ter tido — pelo bem dos filhos —, nem se atreveram a ensinar-lhes nem a exigir-lhes a responsabilidade, a ordem, a disciplina, o autodomínio, as *virtudes*, em suma, que são o contrapeso imprescindível da pedagogia da sadia liberdade e do diálogo cordial. Não o fizeram porque não pensaram a fundo, improvisaram, limitaram-se a «achar», com tintagens intelectuais de *Reader's Digest*. Resultado: em muitos casos, um subproduto de filhos sem caráter: uns perfeitos egoístas, moles, invertebrados, vulneráveis — sem nenhum «anticorpo» — às mais aberrantes e destrutivas influências (drogas, vadiagem, mentiras e tudo o mais).

E pensar que esses meninos e meninas cujos pais achavam que «em consciência» não podiam «influenciar» — nem em matéria religiosa nem em matéria moral («Que eles escolham quando crescerem», diziam) —, são os que foram mais brutalmente influenciados por todos os cafajestes de rua, pelo pior da mídia e por todos os erros em moda, muitas vezes até à destruição física (drogas, Aids) e moral. Mas os pais «achavam», muito *subjetivamente* «achavam»... E arrasaram os filhos com a arma mortífera do subjetivismo.

Subjetivismo: confundir lamentavelmente o «eu acho» com o que é «objetivamente verdadeiro e bom». Como dizia alguém, hoje em dia há uma verdadeira epidemia de «achismos». Uns acham normal fumar maconha, outros acham que é a preliminar de jogos bem mais pesados e irreversíveis; uns acham que não há nada de mais em ficar com alguns «trocados» da firma (podem ser milhares), outros acham que é um furto nu e cru; uns acham ultrapassado o casamento indissolúvel, outros acham que um amor que não quer ser eterno não merece o nome de amor...

Volta a vigorar o velho ditado latino: *Tot capita, tot sententiae*, «tantas cabeças, tantas sentenças». «A moral — dizem, sem entender nada — é coisa muito subjetiva, muito íntima e particular de cada um», como se cada coração humano devesse ser uma fábrica endoidecida de pretensos valores inventados, de bens e males desvairados, dançantes, diariamente mutáveis, contraditórios e conflitantes entre si. Se fosse assim, evaporar-se-ia da vida individual e social qualquer vestígio do *bem* e do *dever*. As consequências negativas dessa pulverização subjetivista da moral, bem visíveis para quem tem olhos na cara, estão a gritar-nos que o homem precisa, precisa sempre, precisa hoje mais do que nunca, de reencontrar *o bem*, de achar *a verdade*, e não dos «achismos» com touca de avó.

Subjetivismo: desejos que se fingem razões

Dentro da epidemia do subjetivismo, a forma mais perigosa dessa doença não é a que acabamos de ver, a dos que se limitam superficialmente a «achar». Muito piores são os que julgam agir baseados em «razões profundas» que, na realidade, outra coisa não são que os seus *desejos* e *interesses* egoístas, enfeitados com óculos intelectuais e travestidos de *razões*.

Não dizem fazer as coisas porque «gostam», «sentem» ou «têm vontade», porque isso lhes parece infantil. O que querem é justificar os seus gostos e apetências — que são a única força que os move a fazer tudo —, cobrindo-os com indumentária de «razões» e dando aos seus apelos o nome respeitável de «consciência»[*].

Estamos aqui perante um dos mais ladinos lobos com cara de avó, porque essa pseudoconsciência que exibe ares de

---

[*] Sobre o papel dos sentimentos, ver o excelente ensaio de Luiz Fernando Cintra, *O sentimentalismo*, Quadrante, São Paulo, 2023.

honestidade e sapiência, no fundo — e na superfície — é totalmente hipócrita.

No começo destas páginas, púnhamos em foco um espécime característico dessa raça: o rapaz que instigou a namorada a abortar e precisava de algum álibi para se justificar. Um autêntico especialista em forjar as «razões sem razão» de que falava o Beato Josemaría Escrivá[*]. Razões-desculpas («Afinal, fiz o que era certo», «Aquilo não tinha outra saída») para os erros e os crimes mais indisfarçáveis. Bela moral, bela consciência, cortada e costurada «sob medida» para tranquilizar a alma.

Pelo mesmo motivo atrás comentado — por só viver pensando em satisfazer *desejos* e, portanto, em usufruir

---

[*] Josemaria Escrivá, *Caminho*, São Paulo, 2023, n. 21.

prazeres —, é que vicejam infinitos «desejismos» (desculpem o neologismo), egoístas da cabeça aos pés, com sisuda cara de «consciência». Basta pensar em matérias como a moral conjugal («Sinto que é um dever de consciência não pôr mais filhos neste mundo em crise, superpovoado» — diz o comodista; «Não me pesa na consciência andar com outras mulheres quando viajo a serviço, porque a minha *opção fundamental* — assim ouvi dizer a um teólogo — continua a ser pela minha mulher»); ou em questões profissionais («É lógico carregar nas propinas na licitação; senão, o outro leva»); ou em matérias religiosas («Eu rezo em casa, não sinto nenhum dever de ir à Missa aos domingos»; «É besteira esse negócio de ter que se confessar com um padre, porque eu sou maduro e consciente e me entendo diretamente com Deus») etc. etc.

Já reparou com que solenidade pontificam esses «moralistas dos desejos»?* Ninguém exibe maior pança de «cultura» nem maior ar de «personalidade». Você não viu nunca os sorrisos indulgentes

---

(*) É evidente que não se enquadram entre os «moralistas dos desejos» aqueles homens e mulheres bons que, procurando ser leais a Deus e à sua consciência, foram no entanto vítimas involuntárias de um drama familiar: por exemplo, foram abandonados pelo marido ou pela mulher. Não raro, a fraqueza e uma explicável desorientação os levam, nesses casos, a contrair uma nova união que não pode ser abençoada por Deus nem pela Igreja. Certamente seria um erro justificar como «bom», devido às dolorosas circunstâncias, o que objetivamente não é bom. Mas maior erro ainda seria «desclassificar» essas pessoas, muitas vezes boníssimas e dotadas de uma fé sincera, e excluí-las do convívio cristão. Bem clara é a este respeito a orientação da Igreja: ainda que, devido à sua situação, não possam receber os sacramentos da Confissão e da Comunhão, devem ser acolhidos na Igreja com imenso afeto e compreensão e «exortados a ouvir a Palavra de Deus, a frequentar o sacrifício da Missa, a perseverar na oração, a incrementar as obras de caridade e as iniciativas da comunidade em favor da justiça, a educar os filhos na fé cristã, a cultivar o espírito e as obras de penitência, para assim implorar, dia a dia, a graça de Deus» (*Catecismo da Igreja Católica*, n. 1651).

desses «esclarecidos» hipócritas, perante os coitados que «ainda» pensam de maneira diferente da deles? Sim, ninguém fala com mais despótico dogmatismo sobre as questões morais de atualidade (divórcio, aborto, vasectomia, homossexualismo) do que esses «amadurecidos» que têm as suas posições de consciência tão «bem definidas». Analise, porém, esses juízos da «consciência» (eles a invocam sempre), e infalivelmente verá o que escondem: desejos, só desejos, puros desejos; desejos mesquinhos, desejos egoístas, desejos hedonistas, desejos comodistas... Esses grandes ouvidores da *voz da consciência amadurecida* têm um pequeno defeito no ouvido: só entra nele o que o seu apetite deixa entrar.

Sempre me chamaram a atenção, e me fizeram sentir um friozinho na espinha, as palavras com que São Paulo descreve o castigo que Deus faz recair, já neste mundo, sobre os que, dominados pelos seus desejos, afogam a voz da consciência: *Por isso, Deus os entregou aos desejos dos seus corações [...]. Trocaram a verdade de Deus pela mentira* (Rm 1, 24). Entregar o homem aos seus desejos é a mesma coisa que condená-lo em vida: condená-lo à inautenticidade e, por isso, à autodestruição.

O subjetivismo é nefasto. É um engano radical. Todos o intuímos, mesmo quando não o queremos reconhecer. É curioso pensar como é que as histórias em quadrinhos e os desenhos animados representam plasticamente a voz da consciência. Ela vem simbolizada sempre por um «outro», não pelo «eu egoísta» que encarna os desejos maus do protagonista. E todos achamos natural a coisa. Ora é o Grilo Falante de Pinóquio; ora o Anjinho na orelha direita de Tom ou de Jerry;

ora o tigre de Calvin, Haroldo. Não lhe parece sugestivo isto? A mim, parece-me uma maneira bem expressiva de fazer ver que a consciência não é a voz do nosso «eu» — enquanto personagem comodista, orgulhoso, guloso ou irritado, que só quer saber do que lhe dá satisfação —; é a voz do «outro», do simpático embaixador da verdade e do bem, daquele que não tem outro remédio senão contradizer-nos, senão refrear-nos muitas vezes, senão sussurrar-nos o que o nosso «eu» malandro nunca diria a si mesmo (porque não gosta de o ouvir), mas que é o certo. Eis aí um simbolismo que, sem dúvida, também dá que pensar.

Gregarismo: o berrante e a boiada

Passemos agora a falar dos que se deixam dominar pelo *gregarismo*. O boi —

como a ovelha e o carneiro — é um animal gregário, anda em manada. Certamente todos nós já vimos, pelo menos na televisão, o espetáculo de uma imensa boiada — um sem-fim de vacas, bois e novilhos — atravessando as vastidões sertanejas do Mato Grosso, Minas ou Goiás.

Vaqueiros montados em cavalinhos ágeis, a pele requeimada, o chapéu enterrado até os olhos, vão tangendo o gado. Na frente, um deles — o *ponteiro* — carrega o *berrante*, a buzina de chifre longo e retorcido, que é o clarim do boiadeiro. Quando o leva aos lábios e arranca dele, no sopro, o som rouco e lamentoso, a boiada inteira movimenta-se atrás, compacta, como um mar ondulante de lombos e chifres.

Há muitos homens e mulheres que têm alma de boi e sonhos de boiada. Há verdadeiras multidões que não seguem a voz da consciência — essa voz sincera do entendimento que procura conhecer a verdade e o bem —, mas obedecem cegamente ao som do berrante que, no momento, buzina mais alto. E, assim, em vez de irem atrás do que é bom e do que é reto, vão atrás da moda, da mentalidade «atualizada», do que «todo-o-mundo» (essa centopeia voraz) pensa, diz ou faz.

Um primeiro grupo de gregários é constituído pelas pessoas sem formação, sem caráter ou sem nenhuma das duas coisas; pelos que — em vez de seguirem as chamadas da verdade e do bem — seguem a correnteza do mundo, da mesma forma que uma lata vazia ou uma tábua de caixote se deixam levar pela correnteza do rio. Sucumbem ao ambiente, deixam-se arrastar pela maioria, aderem ao que a propaganda exalta e evitam, envergonhados, o que a televisão ou o semanário em moda ridicularizam. Têm horror de ser diferentes, ultrapassados e obsoletos. Para estar «em dia» são capazes das maiores traições a si mesmos, aos outros e a Deus.

É assim que procede o empresário que esgana o empregado com salários de fome e horários desorbitados — sem que a empresa se encontre em emergência de vida ou morte —, porque «assim fazem todos»; e assim «tira vantagem», conculcando a razão e a justiça, sob o pretexto de que é preciso enxugar despesas com a folha de pagamentos e colaborar no combate à inflação. Na realidade, é o empresário egoísta, voltado totalmente para o lucro e virado totalmente de costas para o homem. O berrante toca esse som, e ele vai por aí.

— «Fumar maconha, o que tem de errado?» — Assim se engana o adolescente, que jamais teria entrado no círculo das drogas se não temesse as zombarias dos colegas e amigos pelo seu «atraso» e o seu «puritanismo». Não importa que a consciência o avise — com a clareza da razão que julga direito — de que aquilo pode precipitá-lo num poço cada vez mais fundo, e que está a colaborar com a roda-viva assassina do tráfico. O berrante convoca para a «viagem», e lá vai o boi.

Parecida é a reação da menina de colégio que, lá no íntimo, acalenta ideais de amor verdadeiro e de alegria familiar, mas não vai a uma festinha sem «ficar» com o primeiro desconhecido que, na quinta cerveja, lhe faz a proposta indecente. Não chegou, como ela diz, «ao máximo», mas fingirá ter chegado, no dia seguinte, com as coleguinhas de catorze ou quinze anos, que soltariam risadas convulsivas se viessem a saber que a trouxinha «ainda é virgem». O berrante convoca à degradação, em nome das telenovelas e dos tempos modernos, e a suave menina não se atreve a desobedecer.

É ainda o aluno de cursinho que, impressionado com a ladainha enfadonha sobre a Inquisição, a venda de indulgências e Galileu — esse disco surrado do professor de História ignorante ou sectário —, e embalado pelas gargalhadas dos colegas, papagueia muito «atualizadamente» que ir à Missa é besteira e que o lógico é ser ateu ou, quando muito, fazer cada qual a sua própria religião, sem Igreja.

Observemos, a seguir, a mãe dedicada (empanturrada por três ou quatro horas de telenovela por dia), que veste — perdão, desveste — a filha de treze anos, fantasiando-a de micromeretriz, e lá se vai, passeando pelo *shopping* como quem mostra ao público em geral seu pedacinho de carne «em exposição e venda». Mas, se não seguisse a moda, o berrante da moda, que diriam as suas amigas? Que horror! É preciso ser «atual».

E, finalmente, contemplemos o advogado que se engasga e fica vermelho quando um grupo de colegas de escola, reunidos após muitos anos para um jantar, o olham com divertido espanto enquanto lhe dizem: — «Como? Dez anos de casado e *ainda* está com a primeira mulher?» É de novo o som do berrante tentando afogar a voz da consciência.

Como poderíamos representar plasticamente essas massas bovinas, essas multidões descaracterizadas? Mais ou menos, o quadro poderia ser como o que se descreve a seguir.

Numa grande esplanada, está um enorme altar. Sobre o altar, três ídolos: o relógio, o calendário e um aparelho de televisão com um jornal e um semanário dobrados em cima. E, na frente do altar, prostrada em adoração e batendo com a testa no chão, a massa incontável dos que venderam a consciência à moda — ao relógio, ao calendário, ao «hoje em dia» —, ao ambiente, à opinião dos outros.

Curioso é que essas pessoas bovinas costumam ser muito ciosas da «independência» da sua consciência. Não tente falar-lhes de estudar religião, de aprofundarem na moral, de pensar, de pedir esclarecimentos ou conselhos. Não querem ouvir, não querem aprender, não querem refletir. Não «precisam». — «Não quero que ninguém me influencie. Eu decido o que vou fazer». Nada mais falso do que essa declaração de independência do escravo de uma boiada. Ele se inclina diante de tudo, menos do que deveria amar e adorar: Deus, a sua Verdade, o seu Bem.

Os gregários ideológicos

Mas há um *segundo grupo de gregários*, menos simplório que o anterior e bem mais agressivo: são os *gregários ideológicos*, aqueles que substituem a voz da consciência pela voz de uma ideologia. Para apresentá-los melhor, convido o leitor a uma sessão de cinema em que serão exibidos três documentários.

O primeiro é um filme em preto e branco. Aparece uma multidão disciplinada de jovens — milhares? milhões? —, envergando camisas pretas e saudando com o braço rígido, erguido na altura do ombro. Todos olham, fascinados, para um palanque elevado, rodeado de bandeiras, onde um homenzinho frenético emite, por baixo do bigodinho, urros crispados. A multidão aclama-o histericamente. É a juventude nazista: — *Heil, Hitler!* Todos estão absolutamente convencidos de que o futuro da história pertence à raça superior, raça que eles encarnam, como paradigma do super-homem de Nietzsche. Não hesitarão em esmagar cruelmente os «inferiores» e os que ficam «de fora do fluxo da história», da qual eles são os intérpretes e protagonistas. O orgulho cega-os até extremos indizíveis, e quando os fatos vierem a mostrar-lhes a monstruosa falsidade dos seus sonhos soberbos, a maioria não poderá abrir os olhos, porque já estarão mortos. Mas, até então, mantiveram a certeza de serem os senhores do mundo e da história. O berrante ideológico os ensandeceu e acabou por afundá-los no mais tétrico abismo.

O segundo filme é muito parecido. Só que agora os jovens desfilam marcialmente, com um bosque de bandeiras cor de sangue, ornadas com a foice e o martelo.

Estamos na Praça Vermelha de Moscou, e o filme já é colorido. O palanque é uma espécie de maciço paredão, em cima do qual assoma uma fila de «camaradas» avelhentados, cada um com o seu gorro de astracã. E a juventude avança, de peito estufado, porque «sabe» que lhe coube em sorte ser a proa do materialismo histórico e dialético, ciência última e definitiva que abre, para todos os povos, o grande futuro da história, o paraíso na terra, o comunismo.

Passam-se os anos, e essa juventude, sem saber bem para onde ir, recolhe do chão, perplexa, os cacos do muro de Berlim. Tenta escutar de novo o grande berrante de Marx, de Engels e de Lênin, mas só lhe responde o silêncio ou alguma tosse asmática. E, no entanto, tiveram mais de sessenta anos de glória. A União Soviética, a China maoísta, eram o deslumbrante farol que atraía irresistivelmente, como mariposas, os intelectuais, os estudantes, os clérigos e os beatos das sacristias progressistas. Todos eles convencidos de estarem subindo no trem da história, que caminhava inexoravelmente para a plenitude comunista.

Mas falta ainda um terceiro filme. Ah! Já estão começando a projetá-lo. O título é *Woodstock 1968*. A primeira impressão é a de se estar vendo uma imensa colônia de pinguins sujos, apinhando-se e contorcendo-se, ao som de guitarras elétricas, numa paisagem quase tropical. Não, não são pinguins. São jovens, e também velhos cheios de pelancas — eles e elas —, que querem aparentar juventude. Uns andam vestidos, outros andam nus e outros trazem farrapos de uma semi-indumentária indefinível. Por toda a parte, sujeira, desordem, olhos vidrados e, espalhadas pelo chão, as seringas que serviram para injetar as drogas.

Todos estão crentes de que são os grandes propulsores históricos da «revolução moral» da pós-modernidade. Abaixo a moral espartilhada e obsoleta. Morra a moral repressiva, morram os princípios rígidos, morram as normas opressoras. «É proibido proibir». «Façamos o amor e não a guerra». E o rompante do progresso. Estamos fazendo história. Um novo homem e uma nova mulher estão nascendo. Venham todos ver. E as roupas molambentas desses pseudopinguins, que parecem não ter conhecido nunca a água e o sabão, são a nova bandeira dos novos tempos.

Está começando uma nova era! Temos uma nova ideologia! E, de fato, a têm: alguns retalhos de marxismo, atrelados ao que há de mais falaz em Freud, e tudo potenciado por Marcuse, o berrante ideológico da época (quantos jovens atuais nem sequer ouviram falar nele!).

E, com essa era nova, começa o festival da bandalheira: drogas, sexo desenfreado, feminismo antimulher, vagabundagem, homossexualismo freneticamente aplaudido e fomentado, Aids espirrando por todos os lados, pulverização da unidade e da estabilidade familiar, falsos misticismos nepalianos, orgias, crimes, nada. É, mais uma vez, a ideologia em moda, que se apresenta como a «conquista definitiva da liberdade», mas que passa a girar sobre si mesma, para afundar-se mais e mais no seu próprio buraco, que é o vazio absoluto. Parece que foram esses novos «liberados» os que escreveram, sem o saber, o capítulo terceiro da primeira Carta de São Paulo a Timóteo: ...*Haverá um período difícil. Os homens se tornarão egoístas, avarentos, fanfarrões, soberbos, rebeldes aos pais, ingratos, malvados, desalmados, desleais, caluniadores, devassos, cruéis, inimigos dos bons, traidores, insolentes, cegos de orgulho, amigos dos prazeres e não de Deus* (2 Tm 3, 1-4).

«Façamos o amor e não a guerra». Na realidade, degradaram o amor até reduzi--lo a carne de chiqueiro, e deflagraram um dos maiores surtos de violência que a sociedade civil já conheceu. Quantos não foram como a «família Manson», esse bando motorizado de alucinados pela ideologia e o LSD, que assassinaram, naquela época, com requintes de crueldade, a atriz Sharon Tate! Alguns ainda se lembram desse episódio emblemático. A falsa libertação glorificada tirou a máscara, e viu-se que era só egoísmo glorificado: «liberdade» para fazer o que apetecer.

A violência resultante do entrechoque de tantos egoísmos era inevitável.

Os *berrantes ideológicos* constituem, sem dúvida, o que um jovem escritor italiano designou com muito acerto, usando palavras do pintor Goya, *os monstros da razão**.

Acabamos de ver três *monstros ideológicos* que, de uma forma ou de outra, continuam a ter uma poderosa influência na humanidade do século XX. Todos eles prometiam um «homem novo», arremedo trágico do «homem novo» cristão, *criado à imagem de Deus, em verdade, justiça e santidade* (Ef 4, 24). A história, que eles invocavam como a sua testemunha, vem provando, a cada dia que passa, que o homem autêntico, o verdadeiro homem

---

(*) Rino Cammilleri, *I monstri della Ragione*, Ares, Milão, 1993.

novo, que cresce e se renova, não é nem será nunca o orgulhoso racista do nazismo, nem o materialista odiento do marxismo, nem o liberado porco de Woodstock. Outro é o perfil do autêntico ser humano, outra a luz que lhe indica o caminho, outro o rumo que o leva a ser protagonista construtivo da sua vida pessoal e familiar, para assim poder ser o protagonista construtivo da sociedade e da História. É disso que, a seguir, procuraremos tratar.

QUAL É A LEI?

A fabulosa fé dos ateus

E agora vamos tratar da lei. Qual é a lei, qual é a norma moral que serve de pauta ao juiz — ou seja, à razão julgadora — para concluir que algo é moralmente *bom* ou *mau?*

Para chegarmos a uma resposta satisfatória, precisamos fazer previamente uma digressão; algo assim como quem, para esclarecer a um espectador atrasado o final de um filme, começa contando como se iniciou o enredo.

No começo do enredo deste capítulo ou, melhor, no começo das confusões acerca da lei moral, encontra-se a fabulosa fé dos ateus. Sim. Confesso abertamente que poucas coisas me admiram mais, neste mundo, do que a assombrosa fé dos ateus.

Senão, vejamos. Eles não acreditam em Deus, mas acreditam furiosamente no Acaso. Se você lhes perguntar: «Como surgiu o mundo? Como apareceu a vida? Como se processaram as coisas para que se desse algo de tão extraordinariamente complexo, preciso, ordenado e fantástico como é o organismo de um besouro ou de uma gazela? Como se produziu a maravilha extasiante de um olho: o cristalino, a córnea, a retina, a íris, o seu funcionamento harmônico em precisa conexão com o sistema nervoso, com o cérebro, com o sistema circulatório...?», invariavelmente o ateu responderá: «Foi por Acaso». Você pode perguntar: «Um acaso só?»

Ele sorrirá e esclarecerá com ar superior: «Milhões, milhões de Acasos, ao longo de milhões de anos». E a palavra milhões o deixará perfeitamente satisfeito, como se fosse a explicação cabal e completa de toda a questão.

No entanto, os que se têm dado ao trabalho de analisar cientificamente as possibilidades de que apenas duas dúzias desses milhões de acasos se produzissem, chegam à conclusão de que, pelo cálculo de probabilidades, essa conjunção de eventos fortuitos, perfeitamente concatenados, é tão improvável que, na prática, fica sendo impossível. Não há probabilidade alguma que consiga explicar satisfatoriamente como, do nada, possa surgir algo; ou que, da matéria inerte — numa cadeia de mirabolantes casualidades — venham a brotar a paineira, a onça, o dourado e o gavião.

E, já que falamos em bichos, talvez o leitor ache interessante uma afirmação feita por um cientista altamente qualificado nesses assuntos. É muito mais provável — dizia este professor — que uma lagartixa, um camundongo e um pardal façam por acaso (só passeando, arrastando e deixando à toa pedacinhos de metal etc.) um computador de última geração, do que o pretenso surgimento do universo — desde as galáxias até às borboletas — sem que tenha havido como causa de tudo uma Inteligência suprema, criadora, ordenadora e providente, ou seja, sem Deus.

Só pelo raciocínio, grandes filósofos pagãos, como Platão e Aristóteles — insuperados em muitas das suas ideias —, chegaram à conclusão de que o mundo apregoa, racionalmente, a existência de um Criador, que é pura Inteligência e puro

Poder. Qualquer cristão bem formado sabe, de fato, que não precisa da fé para chegar ao conhecimento da existência de Deus e dos seus atributos (inteligência, poder, bondade etc.), porque, para isso, basta a razão. Aqueles que o ateu julga «crédulos», neste ponto são bem mais racionais do que ele.

Tudo é permitido?

O que acabamos de considerar, apesar de ser — como dizíamos — uma digressão, nada tem de desvio de rota, pois aponta diretamente — diretissimamente — para o tema deste capítulo: a relação existente entre a consciência e a *lei moral* que lhe proporciona o referencial, a norma para julgar. Nesta matéria, tudo depende da posição que se adote. Se é a dos que só acreditam no Acaso, a lei moral terá umas características (ou nenhumas, como veremos); se é a dos que sabem que existe um Deus criador e ordenador do universo, terá outras.

Justamente pela relação que tem com este assunto, vem a propósito lembrar um bem conhecido episódio do romance de Dostoievski, *Os irmãos Karamazov*. Os três irmãos estão no centro do enredo, juntamente com um criado do pai, provável filho bastardo deste e, portanto, meio-irmão dos três. O intelectual da família, Ivan Karamazov, repete filosoficamente a famosa frase: «Se Deus não existe, tudo é permitido». Essas palavras gravam-se na mente doentia e descrente do meio-irmão, Smerdiákov, e levam-no a assassinar, por ódio e cobiça, o pai. No final do romance, o parricida justifica-se cinicamente perante Ivan, dizendo que nada mais fez do que aplicar a filosofia deste: dado que para ele — ateu como Ivan — Deus não existia, nada o impedia, moralmente falando, de matar o pai.

E não deixava de ter a sua razão. Com efeito, se Deus não existe, se tudo apareceu por uma conjunção descontrolada de acasos, se não passamos todos do resultado de muitas cegas coincidências, se somos apenas matéria que, por mera ciranda de casualidades, deu de ter dois braços, duas pernas, dois olhos e a capacidade de ser consciente — se as coisas são mesmo assim, então, que sentido tem falar do *bem*, do *mal* e dos valores *morais*! Esses pedaços de matéria pensante que seríamos nós, jogados sem nenhuma explicação nem finalidade sobre a terra, por que haveriam de ter mais lei do que a da bruta matéria sem alma, por que não se ocupariam exclusivamente, com feroz voracidade, de aproveitar-se ao máximo de tudo, e de defender-se ao máximo de tudo e de todos os que incomodassem?

Sem lei nem rei

É impossível falar em *bem* e *mal*, em *verdades* morais que sejam *leis*, em valores normativos válidos, estáveis, permanentes, num mundo assim; é tão absurdo como falar da rota de um barco sem rumo, rodopiando à toa no centro de um redemoinho. Se não se admite a existência de Deus criador, não há modo de encontrar uma base sólida, um fundamento firme para uma lei moral digna de ser tomada em consideração pela nossa consciência. E, realmente, até agora, todas as tentativas de elaborar uma ética sem Deus têm sido estrondosamente falhas. Quando muito, o ateu pode chegar a «fabricar» uma moral de puras convenções, de acordos passageiros e arranjos circunstanciais, mas essa «moral» não tem referenciais claros que delimitem a fronteira entre o bem e o mal; então, torna-se uma farsa e, no meio dessa comédia, a consciência não passa de uma bailarina esquizofrênica. Não pode ser séria a consciência que dança como um urso domesticado, conforme o pandeiro que, a cada momento, tocam as eventuais conveniências e os arranjos egoístas.

Deste modo, sendo tudo relativo, chega-se a aberrações como as que o nosso século vem contemplando: hoje o racismo é um mal abominável — e é mesmo, aos olhos de Deus —, mas já foi julgado um gloriosíssimo bem na Alemanha nazista; hoje, matar crianças não nascidas e acabar com velhos e doentes incômodos (eutanásia) é considerado um bem, um avanço das sociedades «progressistas», mas, durante milênios, foi julgado um assassinato covarde e vil. Se Deus não existe, tudo fica no ar, tudo é relativo: vale qualquer coisa, ou seja, impera o caos. No epicentro do caos, que espécie de consciência terá a possibilidade de julgar?

Pensando nisto, talvez Riobaldo, o jagunço protagonista de *Grande Sertão: Veredas* de Guimarães Rosa, tenha tanta razão como Ivan Karamazov. O nosso sertanejo diz, a certa altura: «Se não tem Deus, então, a gente não tem licença de coisa nenhuma». Sábio Riobaldo! Sim. O que se pode fazer, se nada tem sentido, se nada tem valor, se nada vale nada, se nada leva a nada? Assim não se pode viver.

Duas ficções ardilosas

No meio desta barafunda, o curioso é que o descrente, depois de ter minado as bases da moral, não se resigna a viver sem moral. Gosta de falar da sua «consciência» e da sua «moralidade»; adora ser considerado «honesto», «cumpridor do dever» e «ilibado». Como conseguir isso «nas areias movediças de um relativismo total», onde «tudo é convencional, tudo é negociável»?*

A solução, para o materialista ateu, é relativamente simples. Ou, por outra, as soluções são simples, porque, no mínimo, são duas.

A primeira consiste em tergiversar, em esvaziar de sentido e de conteúdo os valores morais autênticos (os que, como veremos a seguir, estão contidos na lei de Deus: a justiça, o amor, a sinceridade, a fraternidade...) e embutir neles um novo sentido deturpado. A bela

---

(*) João Paulo II, Encíclica *Evangelium vitae*, n. 20.

palavra, porém, continua a ser mantida e valorizada, pelo seu magnetismo e o seu prestígio moral. «Amor», por exemplo, que bela palavra! Tem ainda muito prestígio? Então, conserva-se e até se apresenta como sagrada e intocável; mas muda-se-lhe o sentido: emprega-se agora exclusivamente para designar o sexo descomprometido, egoísta e animalizado. A mesma coisa se faz com os «derivados» do amor e, assim, ao adultério chama-se «namoro»; à garota de programa e à concubina, «namoradas»; à licenciosidade, «liberdade». E a palavra «família», libertada da sua ridícula acepção «convencional» (pai, mãe, filhos) passa a aplicar-se a um rancho abagunçado de mulher com o seu «namorado» de turno, mais três ou quatro ex-maridos — os *tios* —, e vários filhos, que já são incapazes de identificar o seu próprio pai.

O segundo expediente do ateu consiste em fazer moral na base de *afirmações gratuitas*, proferidas com aprumo total.

Temos que aguentar tais afirmações, monotonamente repetidas, por exemplo, na questão do aborto. Em fins de 1995, um deputado federal, adepto de uma ideologia política intrinsecamente materialista e ateia, proclamava — mais uma vez! —, com a solenidade de quem define um dogma de fé, que a lei deveria permitir o aborto até aos três meses de gravidez, pois até esse limite de tempo o feto não é ainda ser humano. Novidade? Não, velharia. Mas afirmada e repisada com majestosa empáfia. Caso perguntemos as «razões», o fundamento racional para esse conceito e essa *lei*, a resposta será o silêncio, simplesmente um «porque sim», uma vez que não há razão nenhuma — filosófica, antropológica, biológica etc. —, que permita dizer que somos seres humanos noventa dias depois de sermos concebidos e não o somos aos oitenta e nove dias. Por que não noventa e um ou cento e três? Ninguém sabe responder. A moral relativista só é capaz de «convenções», nunca de «convicções» e, menos ainda, de «verdades». A falta de verdade precisa de inventar «dogmas de fé».

Eis o ateu. Faz constantemente o que ele acusa os cristãos de fazer: — «Vocês querem impor crenças, convicções de pura fé, à legislação de um país não confessional» (apesar de a sua Constituição começar invocando o nome de Deus).

Ora, o que se dá no caso do aborto — e em muitos outros — é exatamente o contrário. Os abortistas ateus querem impor-nos um ato de fé, muito mais violento que os que eles dizem que a Inquisição requeria: «Creio que só somos homens a partir do terceiro mês, creio sem prova nenhuma, sem ciência nenhuma, sem razão nenhuma». Pelo contrário, os que acreditam em Deus são os que, neste caso, em vez de invocarem a fé, apelam apenas para a razão e para a ciência. Porque, cientificamente, está mais do que provado que o embrião, desde o primeiro momento da concepção, já é um ser humano pleno e em desenvolvimento, exatamente o *mesmo* ser humano — geneticamente, biologicamente — que será aos cinco anos, ou aos quinze, ou aos sessenta. Um dos maiores geneticistas modernos, o professor francês Jerôme Lejeune, descobridor da causa da síndrome de Down, foi convidado certa vez como perito por um tribunal americano que julgava um crime de aborto: as razões científicas que apresentou em favor do caráter *humano* do feto foram de tal ordem que reduziu ao silêncio mais sepulcral os que as contraditavam. Como vemos, quando os crentes combatem o aborto, estão sendo racionais, e, quando os ateus o defendem, estão fazendo e pretendendo impor — mais uma vez — um incrível ato de fé.

Saindo para a luz

Mas saber que Deus existe, poder olhar o mundo e a vida a partir dessa certeza, é como sairmos à luz do dia, após termos divagado, errantes, por um labirinto de sombras.

Luz solar para a vida é, com efeito, contemplarmo-nos a nós mesmos como aquilo que somos: obra de Deus, feitura de Deus, seus filhos.

Deus criador, certamente, não fez o mundo de maneira impensada, como que por um descuido; seria aberrante só imaginar isso. Deus criou o mundo e, dentro dele, o *homem*, agindo como quem é: a suma Sabedoria, o supremo Amor.

Isto significa, para já, que o homem não só não é fruto do acaso, como é o fruto de um *pensamento* e de um *querer* divinos. Para expressá-lo com a nossa linguagem comum: o homem — como, de resto, toda a criação — é *um projeto* idealizado por Deus. Desde sempre, esteve na mente de Deus o *modelo* ideal do ser humano e, ao mesmo tempo, a ideia exata daquilo que é a *verdade* e o *bem* do homem, daquilo que o pode levar à plenitude e à felicidade. Essa ideia do *bem* do homem, concebida pela Sabedoria de Deus, é precisamente a *lei moral*, que a teologia cristã chama *lei eterna* (porque existe eternamente em Deus e é válida eternamente, para todos os seres humanos).

São Tomás, concisamente, resume a questão dizendo que a *lei eterna* — norma moral suprema para a consciência do homem* — é «a razão da divina Sabedoria que conduz tudo ao devido fim»**. O que equivale a dizer: a Sabedoria divina «sabe»; a Sabedoria divina conhece a razão por que isto e não aquilo é um *bem* para o homem. Em suma, só Deus conhece perfeitamente o que o homem é e aquilo que o conduz à sua realização.

Essa ideia, esse plano sobre o homem, Deus o descortina nos mandamentos da *sua lei*: fundamentalmente, nos dez mandamentos. É exatamente isso que

---

(*) «A norma suprema da vida humana é a própria lei divina, eterna, objetiva, universal, pela qual Deus, pelo conselho de sua sabedoria e amor, ordena, dirige e governa o mundo todo e os caminhos da comunidade humana» (Declaração *Dignitatis Humanae*, n. 3, do Concílio Vaticano II).

(**) *Suma Teológica*, I-II, quest. 93, art. 1.

a Encíclica *Veritatis splendor* recorda com limpidez: «Deus, que *é o único bom* (cf. Mt 19, 17), conhece perfeitamente o que é bom para o homem, e, devido ao seu mesmo amor, o propõe nos mandamentos» (n. 35).

Nesta última frase aparece uma expressão interessante: «propõe». Isto quer dizer que os mandamentos «mandam», certamente, mas não nos são «impostos» à força por Deus. O ser humano foi criado livre; não é pura matéria, cegamente submetida a umas leis físicas às quais não se pode subtrair. Dotado por Deus de uma alma espiritual e imortal — *imagem e semelhança* de Deus (Gn 1, 26) —, o homem é chamado a atingir o seu fim de modo consciente e voluntário, livremente. E é a sua *consciência* que, conhecendo a *lei* que lhe propõe o *bem*, deve julgar se — em conformidade com essa lei — as suas escolhas e as suas ações estão certas ou erradas.

«Na intimidade da consciência», lê-se na Constituição *Gaudium et spes* do Concílio Vaticano II, «o homem descobre uma lei. Ele não a dá a si mesmo. Mas a ela deve obedecer. Chamando-o sempre a amar e a fazer o bem e evitar o mal, no momento oportuno a voz dessa lei soa-lhe nos ouvidos do coração: faze isto, evita aquilo [...]. Obedecer a ela é a própria dignidade do homem, que será julgado de acordo com essa lei» (n. 16).

Já desde os primórdios do Cristianismo, o ensinamento moral apresentava a decisão livre de obedecer «à voz dessa lei» como absolutamente determinante do significado e do bom termo da existência. A *Didaqué* ou *Doutrina dos doze apóstolos*, um escrito cristão do século I, começa assim: «Há dois caminhos: um da vida e outro da morte, A diferença entre ambos é grande». O caminho da vida — explica — consiste em amar a Deus e o próximo e observar todos os outros mandamentos. Pelo contrário, quem despreza os mandamentos e se entrega às paixões, hipocrisias, orgulho, adultério, rapinagens etc., esse envereda pelo caminho da morte. «Filho, fica longe de tudo isso», exorta o autor anônimo desse antiquíssimo escrito (I e II).

Se o homem observar, com fé e amor, a santa *lei* de Deus, *andará na verdade* (Jo 3, 4) e *viverá* (Lc 10, 28). Se optar pela falsa lei do egoísmo e da conveniência, *perderá a vida* (Mt 16, 25-26).

A estrada e as suas margens

Como os primeiros cristãos, procuremos ver o roteiro que a *lei* indica à consciência como um *caminho*, «o caminho da vida».

Imaginemo-lo, para este fim, como uma moderníssima estrada. Podemos pensar, por exemplo, numa rodovia dupla, com sete canais de trânsito em cada mão de direção, que atravessa gloriosamente o Brasil de Norte a Sul, indo literalmente do Oiapoque ao Chuí. Além disso, podemos atribuir-lhe conexões com outras excelentes rodovias, que se estendem, como um sistema nervoso, por todo o corpo do país.

Tal como acontece com qualquer boa autoestrada, esta permite ao viajante chegar rápida e comodamente ao seu destino. Sem essas pistas, ficaria perdido entre matas, capoeiras, brejos e montes, e jamais chegaria ao termo da viagem, ou — como os antigos bandeirantes — demoraria anos e anos a alcançá-lo.

Imaginemos agora um viajante que, dizendo encaminhar-se para Rondônia, saísse de Curitiba e, uma vez na autoestrada, comentasse com a esposa, sentada no banco ao lado: — «Vamos a Rondônia, meu bem, mas eu não estou para aguentar imposições. Estas faixas brancas, estas placas, estas sinalizações todas me abafam. Nada de normas rígidas, minha querida. Independência ou morte!»

Nisso, em coerência com os seus devaneios, o nosso motorista liberado resolve sair das «normas rígidas» e acelera em direção à margem direita da estrada, perpendicularmente, como se fosse uma garça, capaz de levantar voo acima de *guard-rails*, muretas, árvores e construções. O desfecho é fácil de prever: não conseguirá percorrer uns poucos metros sem se espatifar, acabando com a viagem, com o veículo, consigo mesmo e com a esposa.

Pois bem, a lei moral, os mandamentos, são a estrada que o próprio Deus idealizou, traçou, rasgou e sinalizou para a breve viagem da vida, rumo à eternidade. Essa estrada — se nós a seguimos — conduz-nos a cada passo para mais perto da nossa perfeição, até levar-nos à plenitude da vida eterna.

Obviamente, como toda a autêntica autoestrada, tem umas margens, está traçada dentro de uns limites. Se os ultrapassamos ou os burlamos, enganamo-nos a nós mesmos e acabamos com a viagem. Quando o mandamento da lei moral diz «Não matarás», «Não roubarás», «Não mentirás», «Não cometerás adultério»…, não está, de maneira nenhuma, a limitar-nos, mas a encaminhar-nos. Marcando margens além das quais só há descaminho e morte, permite-nos correr pela rota certa e avançar sempre mais, rumo ao horizonte sem fim.

Este sentido eminentemente positivo do bom caminho da vida está perfeitamente indicado pela própria lei. Nas rodovias de asfalto, lê-se, com letras e setas: «Para Belo Horizonte», «Para Goiânia», «Para Fortaleza»... No caminho da lei divina, mesmo nas placas onde a lei diz «Não...», um viajante lúcido saberá ler a verdadeira indicação: «Para o amor», «Para a compreensão», «Para a fidelidade», «Para a verdade», «Para a generosidade»... E, na placa principal, encontrará os dizeres mais claros, que são a meta e a iluminação de todos os outros: *Amarás o Senhor teu Deus de todo o teu coração, de toda a tua alma e de todo o teu espírito. Este é o maior e o primeiro mandamento. E o segundo, semelhante a este, é: Amarás o teu próximo como a ti mesmo. Nesses dois mandamentos se resumem toda a lei e os profetas* (Mt 22, 36-39).

Foi isso que — entre outras coisas — Cristo quis dar a entender ao jovem rico, àquele rapaz idealista que certo dia se lhe aproximou correndo e, prostrando-se a seus pés, lhe perguntou:

— *Mestre, que devo fazer de bom para ter a vida eterna?*

— *Cumpre os mandamentos* — respondeu-lhe Jesus.

— *Quais?* — insistiu o jovem. E Cristo:

— *Não matarás, não cometerás adultério, não furtarás, não dirás falso testemunho, honra teu pai e tua mãe, amarás teu próximo como a ti mesmo...* — Um resumo dos dez mandamentos.

— *Tenho observado isso desde a minha infância. Que me falta ainda?*

Boa pergunta. Porque faltava mesmo alguma coisa. O Senhor, olhando com amor o jovem idealista, completou o panorama da *lei moral*, do que *deve ser feito* — como dizia o próprio rapaz — e, com voz pausada e cálida, acrescentou: — *Se queres ser perfeito..., vem e segue-me* (Mt 19, 16-22).

É uma luz esplêndida. Primeiro, Jesus lembra-lhe os mandamentos, que o manterão *dentro* da estrada. Mas isso não basta. O moço poderia «não sair» da estrada, mas ficar deitado no acostamento ou cochilar na valeta (limitando-se a *não* matar, *não* roubar, *não* fazer mal a ninguém). Por isso, Cristo propõe-lhe, logo a seguir, o mais importante: anda — diz-lhe — por essa estrada, *segue-Me* por ela, largando tudo o que prende e atrapalha; vai cada vez mais rápido e mais longe atrás dos meus passos, que são as sinalizações do amor.

Aquele jovem não quis segui-lo. Enterrou mãos, pés e coração nas suas riquezas. Foi-se triste. Mas deixou-nos, sem querer, um tesouro inestimável: as palavras de Jesus, que iluminavam o sentido da lei moral.

O «não» que permite dizer «sim»

A perspectiva que Cristo abre no seu diálogo com o jovem rico permite-nos desmascarar uma tentação que sempre está à espreita: a de achar — como o motorista que ia a Rondônia — que existe conflito ou incompatibilidade entre a lei moral, as obrigações morais, e a liberdade. G.K. Chesterton, o famoso escritor inglês convertido ao catolicismo, recorria a uma pequena fábula para mostrar como a lei — a lei moral, a lei de Deus e da Igreja, com a sua obrigatoriedade para a consciência — é paradoxalmente a única garantia para a liberdade. «A fé e a disciplina católicas — escrevia — poderão ser paredes (com efeito, muitos as julgam paredes de uma prisão), mas são paredes de um campo de recreio». E, a seguir: «Imaginemos um bando de crianças que brincam, descuidadas, no cimo relvado e plano de alguma elevada ilha do Oceano. Enquanto houve uma parede em volta do íngreme rochedo, puderam elas entregar-se aos jogos mais frenéticos e fizeram daquele lugar o mais barulhento dos *quartos das crianças* (*nurseries*). Mas as paredes foram derrubadas, deixando a descoberto o perigo do precipício. As crianças não se despenharam por ele abaixo, mas, quando os seus amigos voltaram, encontraram-nas transidas de terror no centro da ilha. E já não se ouviam as suas canções»[*].

---

[*] G.K. Chesterton, *Ortodoxia*, Tavares Martins, Porto, 1974, p. 227.

Sem muros, a liberdade ficara desprotegida e aterrorizada.

É claro que Chesterton está fazendo o retrato antecipado de muitos jovens — não todos nem a maioria, graças a Deus — que foram «educados» numa liberdade sem freios e sem sentido. Após terem dado voltas sem conta ao redor do eixo do nada, e não sabendo mais para que lhes serve a liberdade, esses jovens agrupam-se, atordoados, como as crianças da fábula, em enxames de entediados consumidores de álcool, sexo e drogas. Só são capazes de «fugir», só pensam em «viajar», em «escapar» da vida, que não sabem mais para que serve. O pior é que essas pobres moças e rapazes não se limitam a ficar apinhados nas suas «turmas», entocados nos seus barzinhos e danceterias. Mais cedo ou mais tarde — à diferença dos meninos de Chesterton —, um bom número deles acabam por atirar-se no precipício da ruína física, psíquica e espiritual, enquanto soltam, como se fosse um palavrão, a palavra sagrada que eles mesmos profanaram: «liberdade».

Por isso, leitor, se andando pela vida alguém nos diz: «Gosto do amor, mas odeio falar em *lei* moral, não concebo o amor sem liberdade», não hesitemos em responder-lhe: — «Sinto muito, mas você não entende nada nem de amor nem de liberdade». E também não entendeu nada do que acabamos de meditar. Que Deus o ampare!

Porém, se uma pessoa com essa mentalidade ainda for capaz de um mínimo de boa vontade e disposição de ver algo, talvez possamos ajudá-la um pouco mais a descobrir a beleza e a transparência da *lei moral*, dizendo-lhe:

— Não sei se reparou, mas cada proibição, quando bem entendida, é o *não* imprescindível para poder dizer um *sim* amoroso e feliz. Se Deus nos proíbe que odiemos, e nos manda dizer *não* ao ódio, é para que possamos dizer um *sim* total ao amor, para que fiquemos liberados para o amor sem fim. Se Deus nos diz: «Não pecarás contra a castidade», «Não cometerás adultério», é para que, dizendo *não* ao sexo egoísta, possamos dizer *sim* ao amor profundo e fiel, vivido com a alma e com o corpo, dentro do matrimônio santo, generoso e fecundo. Dizer não à devassidão e à impureza é «afirmar jubilosamente» — como dizia Mons. Escrivá — que a castidade é própria de enamorados que sabem entregar-se e aprendem a dar-se, iluminando o mundo com o seu «dom» sorridente...

Este é um dos preciosos ensinamentos da Encíclica *Evangelium vitae*, que assenta a defesa da vida — contra as aberrações do aborto e da eutanásia — sobre as bases

firmes do preceito negativo: «Não matarás».
Vale a pena transcrever alguns trechos:

«Os mandamentos de Deus ensinam-nos o caminho da vida. Os *preceitos morais negativos*, isto é, aqueles que declaram moralmente inaceitável a escolha de determinada ação, têm um valor absoluto para a liberdade humana: valem sempre e em todas as circunstâncias sem exceção. Indicam que a escolha de determinado comportamento é radicalmente incompatível com o amor de Deus e com a dignidade da pessoa humana, criada à sua imagem [...].

«Já neste sentido, os preceitos morais negativos têm uma função positiva importantíssima: o «não» que exigem incondicionalmente aponta o limite intransponível abaixo do qual o homem livre não pode descer, e simultaneamente indica o mínimo que ele deve respeitar e do qual deve partir para pronunciar inumeráveis «sins», capazes de cobrir progressivamente *todo o horizonte do bem*, em cada um dos seus âmbitos» (n. 75).

Este é o magnífico panorama que a *lei divina* desvenda à consciência moral. Estando, como estamos, tão propensos a saltar fora do caminho, a chafurdar no egoísmo, a errar e perder-nos, é natural que o fato de descobrir essas verdades nos mova a elevar a Deus um cântico de agradecimento por ter inscrito nos nossos corações, e ter-nos ensinado tão claramente, o caminho santo da lei: *Quanto amo, Senhor, a vossa lei; durante o dia todo eu a medito...; os vossos mandamentos são a verdade; a vossa palavra é um facho que ilumina os meus passos, é uma luz no meu caminho; correrei pelo caminho dos vossos mandamentos, porque sois Vós que dilatais o meu coração* (Sl 119, 32.97.105.151).

A BOA VOZ DA CONSCIÊNCIA

Para ter boa voz

A voz da consciência pode ser boa ou má. Pode dizer coisas certas, gaguejar na dúvida ou dizer coisas erradas.

Como, então, ter boa voz? Para facilitar a resposta, voltaremos a recordar com exatidão o que é a consciência. Assim poderemos esforçar-nos melhor por dar-lhe boa qualidade.

— Vai repetir de novo...?

Em parte. Veja. Se queremos examinar com cuidado as condições de um diamante, para poder lapidá-lo da melhor forma possível, é importante que peguemos o mesmo diamante, e não um rubi ou uma turmalina.

Da mesma forma, agora precisamos «pegar» com precisão a consciência, grifando bem que ela é — como já foi dito e repisado — o *ato de julgar*. Gravemos ou regravemos bem esta noção precisa. São Tomás de Aquino — tão amante da exatidão — também a reafirma várias vezes. A consciência — esclarece uma e outra vez — não é uma *faculdade* (como o são a memória, o entendimento e a vontade), não é um *hábito* (como um hábito adquirido que, por assim dizer, funciona bem sozinho), mas é um *ato*. Concretamente é o *ato do entendimento* (da inteligência, da razão), *que julga a bondade ou malícia das nossas ações**. Até aqui o lembrete. Continuemos.

(*) *Suma teológica*, I, quest. 79, art. 13, e *De Veritate*, quest. 17, art. 1. Para quem desejar, eventualmente, um aprofundamento teológico sério e totalmente fiel

Bastantes pessoas, em contraste com isso, parecem fazer questão de imaginar a consciência como uma *faculdade* interior. Supõem que seja uma espécie de sensor, como uma célula fotoelétrica, que captaria automaticamente a luz do certo e a sombra do errado; ou então uma iluminação mística, que se acenderia subitamente no fundo da alma para nos guiar («Eu vi a luz — diz o sem-vergonha —, fui iluminado, senti com clareza que *devo* passar a morar com a minha secretária, porque gosto mais dela do que da minha mulher»). Não, a consciência em si não é, absolutamente, nem um receptor nem uma emissora infalível da voz de Deus.

---

ao Magistério da Igreja sobre essas matérias, talvez o melhor tratado teológico contemporâneo sobre a moral fundamental seja a já citada obra de Ramón Garcia de Haro, *La vita cristiana*, Ares, Milão, 1995.

Tudo se torna claro quando se pensa a verdade, isto é, que a consciência é *um ato*, um ato concreto de avaliação, *um juízo* que o *entendimento* formula como conclusão de um raciocínio acerca de um problema moral prático. Este raciocínio pode ser brevíssimo, de uma lucidez quase imediata, ou longo e laborioso, exigindo dias ou até meses de reflexão. Mas é um raciocínio, um raciocínio que — como qualquer outro — pode acertar ou errar; não é um mágico poder intuitivo nem um lampejo sobrenatural indiscutível.

— Tudo isto acho que eu já sabia...

Sabia, sim. Mas será que tirou as consequências do seu saber? Repare que o entendimento precisa *conhecer o bem* — o que é *certo* aos olhos de Deus em cada caso —, para poder julgar. Se não conhece a norma moral que ilumina o *bem*, a resposta certa para aquela situação, como poderá julgar?

É evidente que um ignorante em eletrônica, para pôr um exemplo, não pode julgar por que é que um computador está empacando e, se se arrisca a dar palpite, pode fundir o aparelho; um ignorante em medicina ou biologia não pode opinar, e muito menos julgar e decidir, sobre o tratamento correto para uma infecção grave; e um desconhecedor total do direito não pode resolver qual o melhor procedimento para impedir que a sua mãe seja despejada do apartamento.

Para julgar bem, é preciso conhecer bem. No caso, conhecer muito bem a lei de Deus, a vontade de Deus, a verdade de Deus. Só *conhecendo*, de modo sério e suficiente, os princípios e as normas morais objetivas, é que poderemos julgar sobre a qualidade moral das nossas ações.

A formação da consciência

É lógico, por isso, que o *Catecismo da Igreja* fale da necessidade de adquirir uma boa formação moral. «A consciência deve ser educada e o juízo moral esclarecido. Uma consciência bem formada é reta e verídica. Formula os seus julgamentos seguindo a razão, de acordo com o bem verdadeiro querido pela sabedoria do Criador. A educação da consciência é indispensável aos seres humanos submetidos a influências negativas e tentados, pelo pecado, a preferir o juízo próprio e a recusar os ensinamentos autorizados» (n. 1783).

Se há um terreno em que muitos atuam, infelizmente, com uma imensa e irresponsável ignorância, «chutando» de olhos fechados como amadores de time de várzea, é o terreno da vida moral. É algo trágico — pois a vida moral errada destrói o homem por dentro —, mas é real. Muitos se consideram sábios, amadurecidos, autossuficientes nas questões morais, que são as mais decisivas e importantes da vida — mais do que as profissionais, as económicas ou as relativas à saúde —, e na realidade não sabem nada.

Convençamo-nos de que não adianta errar e depois tentar desculpar-se dizendo: «Agi em consciência, era o que a minha consciência me dizia». Se a consciência estava errada, agiu errado; com mais ou menos culpa, mas errado. É por isso que São Tomás insiste muito na obrigação moral que temos de sair do erro e formar uma consciência reta. «Com efeito — diz o santo — a consciência não obriga por si mesma (só porque sentimos que nos fala isto ou aquilo), mas em virtude de um preceito divino (que ela deve conhecer e aplicar ao caso concreto). A consciência não nos diz que devemos fazer algo porque assim lhe parece a ela, mas pela razão comandada por Deus (pela lei de Deus)...»*

O jejum de luz

Por sua vez, Santo Agostinho, falando, nos *Tratados sobre o Evangelho de São João*, da falta de formação, utiliza uma comparação bastante expressiva. Diz que os nossos olhos espirituais podem padecer de um *jejum de luz*. «Os nossos olhos refazem-se vendo a luz corpórea. Muitos, quando estão às escuras durante muito tempo, ficam fracos quanto à acuidade da vista, e essa fraqueza provém de uma espécie de jejum de luz. Os olhos

---

(*) *Quaestiones quodlibetales*, III, quest. 12, art. 2.

são prejudicados no seu alimento, que é a luz. Fatigam-se com o jejum, debilitam-se, a ponto de não poderem ver depois a própria luz com que se alimentam. E, se a luz continua a faltar por muito mais tempo, deixam de ver, morre neles, de certo modo, a capacidade de receber o brilho da luz»[*].

Não vemos nestas palavras o retrato de bastantes adolescentes, jovens e adultos? Não nos vemos talvez a nós mesmos? Há uma espantosa ignorância sobre a fé e a moral em muitos cristãos. Anda descuidada a formação. E a falta de formação, a falta de luz, conduz fatalmente à cegueira, a uma espécie de incapacidade de ver, a uma aturdida e míope indiferença em relação às coisas de Deus, nunca compreendidas, nunca experimentadas,

---

(*) *Tratado XIII*, par. 5.

nunca vividas. O jejum de luz produz cegueira, mas o cego nem desconfia de que é cego. Por isso acha normais atos ou comportamentos que são aberrações, e acostuma-se a ceder e a admitir constantemente atitudes próprias ou alheias que, se tivesse luz, perceberia logo que são positivamente más.

É muitíssimo necessária a formação moral, tão descuidada nesta segunda metade do século XX. Em bom número de famílias e na maioria das escolas, dá-se — às crianças e aos jovens — *instrução*, mas não se dá *formação*; ensinam-se meios de ganhar dinheiro e de singrar na vida, mas não se ensinam modos de adquirir virtudes. Faltam, em consequência, dois dos máximos valores da vida moral: os *critérios* sobre o bem e o mal e as *virtudes* práticas.

Com demasiada frequência, o que se ensina são apenas vagos *sentimentos* humanitários, pacifistas e ecológicos; e o que se estimula a praticar, em vez de virtudes, são somente *habilidades* e *conveniências* («Procura vencer; sobe na vida; aproveita; leva vantagem sempre que puderes»).

Como pode julgar bem uma consciência ignorante? Como pode avaliar qual é o ato de virtude que uma situação lhe exige (um ato de coragem, de renúncia, de abnegação, de abstenção, de espírito de serviço, de ordem, de sinceridade, de lealdade etc.) quem ignora em que consistem as virtudes e não tem experiência de quase nenhuma delas? Não é de estranhar que cresça o número de rapazes e de moças moralmente desfibrados por carência de virtudes e, portanto, «incapazes»: incapazes de optar por um ideal elevado; incapazes de enfrentar o sofrimento; incapazes de sacrificar-se pelos outros; incapazes de ser fiéis, depois, à esposa, ao marido, aos filhos. Nesse deserto de critérios morais e de virtudes, é de estranhar que tantos casamentos durem tão pouco?

A ignorância que não é um álibi

No meio desse quadro, não é raro ver alguém piscar os olhos com suspeita ingenuidade e insistir: — «Mas, se eu não tenho culpa! Ora, se eu não sabia que estava agindo errado!» Não sabia, por exemplo, que a vasectomia e a laqueadura das trompas são um pecado de mutilação; ou que assistir a um filme que ofende a pessoa de Jesus Cristo («Fui só por curiosidade, não me vai afetar») é estar cooperando com um mal, é tornar-se cúmplice — dando dinheiro — dos que lucram com a blasfêmia cinematográfica.

«Não tenho culpa!» Será? Há uma *ignorância invencível*, que isenta de culpa, sim, ou pelo menos diminui muito a responsabilidade moral. Por exemplo, a ignorância de que padece a pessoa que não teve a menor oportunidade de se formar. Tal ignorância encontra-se, realmente, entre alguns dos que carecem dos meios mais elementares de vida. Muitas vezes, esses não têm culpa de uma série de erros que cometem — como algumas práticas supersticiosas, fruto da ignorância —; outras vezes, a sua culpa é bem mais leve. Em todo o caso, mesmo nas pessoas mais desprovidas de instrução, há certos princípios básicos da moral que é impossível ignorar, pois todos os trazemos naturalmente impressos no coração. Como diz São Paulo, referindo-se aos pagãos, «o objeto da lei está gravado nos seus corações, e deles lhes dá testemunho a sua consciência, bem como os seus raciocínios, com os quais se acusam ou se escusam mutuamente» (Rm 2, 15).

Nessas coisas básicas — nos *primeiros princípios* —, ninguém pode alegar ignorância: qualquer ser humano sabe e sente que enganar, trair, maltratar, roubar ou matar são coisas erradas, e a prova é que, se alguém acusa outro de alguma delas, logo este as nega ou se desculpa. Só um canalha se gaba de tê-las feito. Por isso, não existe ignorância que possa isentar de culpa, por exemplo, a prática de um aborto; qualquer consciência não depravada percebe que é um crime.

Ignorâncias e ofuscações culpáveis

Há outras pessoas, porém, que nada têm de carentes, que poderiam e deveriam ter-se preocupado com a sua formação moral e, no entanto, não o fizeram. Na verdade, são ignorantes, desconhecem que isto ou aquilo é moralmente errado, mas mesmo assim são culpados. E o são porque tinham o dever grave de se formar, dever que não cumpriram, pecando por omissão. Quantas esposas, por exemplo, parecem ignorar olimpicamente que é uma falta grave, um pecado mortal contra a justiça, recusar-se a ter um relacionamento conjugal com o marido, se este o pede razoavelmente e elas não têm um motivo sério para se negarem? Ignorar isto é desconhecer o ABC da moral conjugal.

Caso tais pessoas ignorantes, ainda por cima, tenham preferido «não ficar sabendo», para poderem pecar com maior liberdade e menos peso na consciência, é bom que saibam que essa esperteza cínica — chamada *ignorância afetada* — não só não lhes diminui a culpa, como a agrava. Este será, por exemplo, o caso de um católico que gosta de comungar, mas não quer confessar-se — «confessar não é preciso» — por medo de que lhe digam a verdade: «Isso — fazer esse tipo de leituras, alimentar esse espírito de vingança etc. — é pecado grave; não pode comungar sem se ter confessado previamente». Ou, então, é o caso de quem, mesmo que tenha motivos sérios e justificados para adiar a vinda de novos filhos, prefere «não saber» quais são os meios moralmente lícitos de evitar a concepção, porque assim poderá (poderá?) escolher os mais fáceis, mesmo que a reta moral os condene. A ignorância indevida e a ignorância afetada são faltas morais, por vezes bem graves. Nestes casos, diz o *Catecismo*, em frase curta e incisiva, «a pessoa é culpável pelo mal que comete» (n. 1791).

Mais sério ainda é o caso da consciência voluntariamente deformada, *ofuscada pelo orgulho e pelo desejo de justificar a sua má vida*. Não se trata aqui de pessoas que ignoram, mas de pessoas que falsificam. Na verdade, há alguns que, dizendo-se preocupados com a cultura religiosa e a boa formação, mentem a si mesmos e tentam mentir a Deus. Fazem, literalmente, o que dizia, com grande dor no coração, São Paulo: *Porque virá um tempo em que os homens já não suportarão a sã doutrina da salvação. Levados pelas próprias paixões e pelo prurido de escutar novidades, ajustarão mestres para si; apartarão os ouvidos da verdade e se atirarão às fábulas* (2 Tm 4, 3-4).

Sempre uma consciência desonesta poderá, se assim o quiser, encontrar um conselheiro espiritual — até mesmo um clérigo desorientado —, ou um livro «muito atualizado», ou umas palestras muito «progressistas», que lhe digam exatamente o que ele quer ouvir, não o que Deus quer que ouça. Não faltarão — para quem os desejar —, conselheiros «autorizados» que, até mesmo dentro de um confessionário, lhes dirão, falsamente, que não é pecado o adultério ou a masturbação voluntariamente provocada; que lhes aconselharão, até por iniciativa própria, o uso do DIU — que é abortivo — ou a leitura de livros contrários à fé católica; que dirão, criminosamente, que «por exceção, no seu caso», pode ser extraído o feto (não têm a coragem de pronunciar a palavra aborto), pois há perigo de má-formação; afirmarão ainda que não é obrigatório ir à Missa aos domingos, mas que se deve ir só nos dias em que «a gente sente necessidade ou vontade» (quando o *Catecismo* autêntico da Igreja, no seu número 2181, afirma categoricamente: «Aqueles que deliberadamente faltam a essa obrigação — à Missa dominical — cometem pecado grave»); e dirão, enfim, tudo o que o seu «cliente» desejar que lhe sirvam *à la carte*.

Ir à luz

Estas dolorosas situações fazem pensar nas palavras de Cristo: *Todo aquele que faz o mal odeia a luz e não vem para a luz, para que as suas obras não sejam reprovadas. Mas aquele que pratica a verdade vem para a luz* (Jo 3, 20-21).

Procuremos ser destes últimos, dos que *amam a verdade*, dos que — sabendo embora que são fracos e falhos — querem ao menos praticar a sinceridade da consciência e vão *para a luz*.

«Na formação da consciência — diz o *Catecismo* —, a Palavra de Deus é a luz do nosso caminho; é preciso que a assimilemos na fé e na oração, e a coloquemos em prática. É preciso ainda que examinemos a nossa consciência [...]. Somos assistidos pelos dons do Espírito Santo, ajudados pelo testemunho e conselhos de outros, e guiados pelo ensinamento autorizado da Igreja» (n. 1785). Eis um resumo dos meios que uma consciência sincera emprega para ter luz, para ter boa formação e, em consequência, boa voz.

Primeiro, ler e meditar a Palavra de Deus — a Bíblia, e especialmente o Novo Testamento —, onde se contêm a doutrina e a *lei do Senhor*, acolhendo-a com fé e fazendo oração sobre ela: uma reflexão fervorosa e pausada que permita assimilá-la bem; se possível, dedicando a essa meditação tão salutar pelo menos uns dez ou quinze minutos por dia.

Segundo, fazer diariamente um exame de consciência. No fim do dia, antes de nos recolhermos para o descanso da noite, paremos uns minutos, situemo-nos com fé na presença de Deus, que nos vê e nos ouve, e façamos um balanço cheio de sinceridade: «O que fiz bem, o que fiz mal, o que poderia ter feito melhor?» Três perguntas de exame que o Beato Escrivá sugeria às vezes. Quem for constante nesta prática irá adquirindo uma finura e lucidez de consciência cada vez maiores; deixará de viver na nebulosa da inconsciência para se abrir cada vez mais à luz de Deus.

Em terceiro lugar, rezar: pedir os dons do Espírito Santo. Quando uma alma é sincera, cheia de fé e de generosidade, então sim, com frequência recebe no entendimento a claridade de Deus por meio dos dons do Espírito Santo (dom de Sabedoria, dom de Entendimento, dom de Ciência, entre outros), que lhe inspiram um juízo moral luminoso e certeiro; da mesma maneira que recebe graças de fé para penetrar mais a fundo e saborear as verdades do *Credo*.

Em quarto lugar, procurar a ajuda, os conselhos de outros: como nos auxilia, na formação da consciência, saber consultar com simplicidade um amigo bem formado, bom cristão, ou um sacerdote fiel e piedoso! Para muitas pessoas, a melhor garantia de manter sempre a «boa voz» da consciência é o hábito de se confessarem periodicamente, por exemplo, a cada quinze ou trinta dias, e de terem com o sacerdote uma conversa de orientação espiritual.

E tudo, por fim, sendo «guiados pelo ensinamento autorizado da Igreja». A nossa consciência pode errar. A sua voz pode emitir uma nota falsa. Mas a voz de Deus, não. E essa voz de Deus deixa-se escutar com clareza, sem sombras nem deturpações, no ensinamento autorizado do Magistério da Igreja. *Como o Pai me enviou, assim também eu vos envio a vós* (Jo 20, 21), dizia Cristo a Pedro e aos Apóstolos que com ele estavam, bem como aos sucessores de Pedro e dos Apóstolos: ao Papa e aos Bispos em comunhão com o Papa. *Quem a vós ouve, a mim ouve; e quem a vós rejeita, a mim rejeita* (Lc 10, 16), dizia-lhes Cristo também, e continua a dizê-lo agora.

Em face de palavras tão claras, como não sentir a responsabilidade de conhecer bem o que a Igreja, em nome de Deus e assistida por Deus, ensina em matérias de moral? Em todo o lar católico, deveria haver um número suficiente de livros de boa doutrina, de bom critério*, e não

---

(*) Um excelente resumo da doutrina da fé e da moral católicas, traduzido ao português, é a obra de Leo J. Trese, *A fé explicada*, São Paulo, 2022.

poderia faltar, como texto indispensável de consulta, o *Catecismo da Igreja Católica*, publicado por ordem do Papa João Paulo II em 1992, com o fim de que fosse «norma segura para o ensino da fé».

Num mundo confuso e conturbado como o nosso, o Magistério autêntico da Igreja é, mais do que em outras épocas, o farol imprescindível para nos guiar no meio da escuridão e das tormentas.

Para não duvidar

— E as dúvidas?

Sim, é verdade, as dúvidas. Ainda resta uma palavra a dizer a respeito delas.

A vida, dizíamos, é complexa, confusa e conturbada. É natural que mesmo uma pessoa sincera e de boa formação fique na dúvida perante situações concretas. Desde a simples dúvida de saber se o fato de ter recorrido a uma cartomante é falta grave ou leve, até outras dúvidas bem mais complicadas: «Minha mãe está na UTI, vive só artificialmente à base de aparelhos, não há — do ponto de vista médico — a menor chance de recuperação, e os especialistas falam em morte cerebral. Podemos autorizar o médico a desligar os aparelhos? Não será eutanásia?» (Neste caso, diga-se de passagem, podem perfeitamente autorizá-lo, pois essa situação não tem nada a ver com eutanásia propriamente dita, ainda que os jornais e a TV falem erradamente de eutanásia em casos análogos).

Um princípio moral claro é que temos a obrigação de sair da dúvida, obrigação tanto mais grave quanto mais grave for o assunto que precisamos esclarecer. *Não se pode agir com consciência duvidosa*, diz a moral cristã, e é lógico, pois o contrário equivaleria a aceitar que não tem importância brincar com Deus: «Eu estou na dúvida sobre se isto é ou não pecado, se é ou não ofensa de Deus, mas não faz mal, dá na mesma, vamos em frente». Seria como dizer: «Pouco me importa ofender a Deus».

Mais uma vez — como no caso da ignorância —, a recomendação é consultar o problema a quem possua critérios sólidos sobre a moral, ou procurar a resposta num bom livro (por sinal, muitas respostas sobre questões morais — por exemplo, sobre a eutanásia, o transplante de órgãos, a fecundação artificial etc. — encontram-se bem claras no *Catecismo da Igreja Católica*. Basta procurar o verbete correspondente no índice alfabético que está no final do volume).

Ninguém pode ficar refestelado na poltrona da dúvida, tão cômoda e tão cínica, por vezes, como a poltrona da ignorância voluntária. As dúvidas devem ser resolvidas, procurando seriamente em cada caso a resposta que vem da lei de Deus. O *Catecismo*, reconhecendo que em bastantes ocasiões deparamos «com situações que tornam o juízo moral menos seguro e a decisão difícil», indica que deveremos «sempre *procurar* o que é justo e bom e discernir a vontade de Deus expressa na lei divina» (n. 1787).

Também é preciso superar, se aparecem, algumas dúvidas inconsistentes, que não raro se agarram às almas boas e delicadas como um parasita, e que são uma deformação da consciência: os *escrúpulos*.

Quantas pessoas excelentes, cheias de fé e de amor, não sofrem por causa dessa deformação! A sua consciência é vítima de uma distorção, julga mal, exagerando —

como se usasse uma lente de aumento —, e vê pecado naquilo que não o é, ou considera falta grave o que só é falta leve. O tormento interior provocado pelos escrúpulos pode tornar-se sufocante. Nota-se que alguém padece desta doença moral pelo seu contínuo receio de pecar em tudo, pela aflição («Será que Fulano está de cara fechada porque eu o ofendi?», «Será que consenti naquele mau juízo que me veio sem querer à cabeça?», «Será que olhei propositadamente para um anúncio pornográfico que vi de relance na televisão?»...); e especialmente pela dúvida insistente sobre as confissões passadas: acha que essas confissões não foram bem feitas, que foram incompletas, acha que se explicou mal ou que o confessor não o entendeu.

Deus quer a nossa paz. Mais ainda se temos a boa vontade de amá-lo. Essas almas sofredoras que carregam o fardo dos escrúpulos devem ser humildes, reconhecendo que a sua consciência é um guia desorientado. Em consequência, deverão procurar um bom confessor que as possa conduzir com caridade e segurança, analisando objetivamente, de maneira isenta, os seus problemas. É fundamental que ponham fé nos conselhos que recebem e que procurem segui-los com muita confiança e um completo abandono nas mãos de Deus.

A boa voz de Deus

E, depois de falarmos da dúvida, chegamos ao fim destas reflexões.

Dizem alguns que a consciência é a voz de Deus. Já vimos acima que — se não for honesta e bem formada — pode ser a voz do diabo ou, simplesmente, a voz dos nossos desejos egoístas.

Mas, se nos esforçarmos por formar uma consciência verdadeira e reta, clara e certa no julgar, Deus falará sem dúvida através dela, e então, sim, a consciência será a voz de Deus: a voz que inundará de luz e de segurança o caminho da vida, levando-nos pelas sendas do amor e da paz.

Foi por viver assim que, no meio de inúmeras incompreensões e sofrimentos, São Paulo pôde escrever serenamente aos Coríntios: *Esta é a nossa glória: o testemunho da nossa consciência de que, no mundo e particularmente entre vós, temos agido com santidade de vida e sinceridade diante de Deus* (1 Cor 1, 12).

A boa consciência é fonte de tranquilidade, da única paz verdadeira, da única paz profunda e duradoura: a paz com Deus. *Estamos persuadidos* — lemos na Epístola aos Hebreus — *de ter a consciência em paz, pois estamos decididos a procurar o bem em tudo* (Hb 13, 18). Que fórmula admirável! Vamos fazer dela um lema para a nossa vida, mesmo sabendo-nos pobres pecadores — «estarmos decididos a procurar o bem em tudo» —, e então nos será dado experimentar, como a São Paulo, a inefável alegria do *amor que nasce de um coração puro, de uma boa consciência e de uma fé sincera* (1 Tm 1, 5). Do Amor verdadeiro, do único que pode dar plenitude à nossa existência e pelo qual e para o qual vale a pena viver.

Direção geral
Renata Ferlin Sugai

Direção de aquisição
Hugo Langone

Direção editorial
Felipe Denardi

Produção editorial
Juliana Amato
Gabriela Haeitmann
Karine Santos
Ronaldo Vasconcelos

Capa
Provazi Design
Karine Santos

Diagramação
Sérgio Ramalho

ESTE LIVRO ACABOU DE SE IMPRIMIR
A 11 DE FEVEREIRO DE 2025,
EM PAPEL OFFSET 75 g/m².